CONFÉRENCE POPULAIRE

Florentin-Charlemagne BRETON

NÉ LE 17 FÉVRIER 1828, A MIDI, AUX SAILLANS, COMMUNE
DU GUA, CANTON DE VIF, DÉPARTEMENT DE L'ISÈRE

GRENOBLE
IMPRIMERIE E. VALLIER ET Cⁱᵉ
9, place Saint-Louis, 9
1890

CONFÉRENCE POPULAIRE

Florentin-Charlemagne BRETON

*Né le 17 février 1828, à midi, aux Saillans, commune
du Gua, canton de Vif, département de l'Isère*

Messieurs,

Nous sommes dans la quarante-deuxième année où il
s'est fait beaucoup de bruit en France. Ce fut cette année
que la République fut fondée par les partisans de ce
régime. Mais elle ne fut pas de longue durée, elle fut
bientôt ensevelie, entre l'année 1851 et 1852, par
Napoléon III, pour se faire nommer empereur par le
peuple français.

Probable que si nous avions eu la même expérience
que nous avons aujourd'hui, cela ce serait passé tout
autrement.

Messieurs,

Nous célébrons non seulement, aujourd'hui, la quarante-deuxième année de notre classe, nous célébrons encore la dix-neuvième année et deux jours que la République a été proclamée par nous, le 4 septembre 1870, à quatre heures et dix minutes du soir.

Messieurs,

Il y a certains personnages qui n'ont jamais cru être en République et qui ont cherché à culbuter ce système de gouvernement, mais ils se sont culbutés eux-mêmes.

Aussi, vais-je vous faire apprécier ce que c'est que la République ou la Monarchie.

Le mot République est féminin ; le mot Monarchie est masculin ; aussi, pour moi, la République n'est qu'un mot.

Messieurs, moi qui circule continuellement nos contrées, j'entends prononcer ce mot bien souvent : « Voyez ce que c'est que votre République, qui nous écrase d'impôts et qui ne diminue jamais. »

Messieurs, je vous défie de rendre responsable une déesse de la Liberté, car, depuis 1870, il n'y en a pas eu de nommée ni d'approuvée en France. La preuve, la voici : donnez un coup d'œil sur les nouvelles pièces de 20 francs, si vous pouvez la reconnaître, — pour quant à moi, je ne peux la reconnaître.

Article premier.

Messieurs, quand l'on veut rendre responsable quel-qu'un que l'on ne connaît pas, il vaut mieux ne rien dire du tout. Rendez donc responsables vos gouvernants, que vous avez nommés et qui sont payés pour cela; faites vos réclamations à eux-mêmes; pour quant à moi, quand j'approuverai quelqu'un, il sera choisi parmi nos États Généraux et qu'il sera reconnu intègre pour faire rendre justice selon la loi, à qui il est dû, ce personnage sera nommé pour cinq années.

Je vous ferai observer que quand vous nommerez un chef d'État honnête, justice vous sera toujours rendue quand vous lui ferez votre réclamation, surtout si elle est reconnue légale et que la loi le prescrit.

Pour quant à moi, jusqu'à l'heure qu'il est, j'ai eu affaire à de hauts fonctionnaires qui ont foulé la loi à leurs pieds; ce qu'il y a de plus mauvais pour eux, c'est qu'ils ont méconnu le règlement qui était prescrit par eux-mêmes.

Art. 2.

Messieurs.

Nous avons besoin de quelques réformes sur notre Code, nous sommes même plus arriérés que d'autres nations. Voyez l'Angleterre !

Pour la détention préventive, lorsqu'un individu est soupçonné de quelque délit que ce soit, c'est individu est conduit par-devant un magistrat compétent; cet indi-vidu est interrogé; s'il n'est pas reconnu coupable, il est remis en liberté dans les 24 heures. Tandis qu'en France, il arrive bien souvent que par une malveillance où un faux rapport se fait, qu'est-ce qu'il en résulte de cette affaire ? L'individu est pris par la police ou la gendarmerie, est conduit en prison. Eh! bien, maintenant, il attendra que les assises soient ouvertes, ou que les juges qui siègent au correctionnel soient de retour de leurs vacances, et alors, il est condamné ou bien acquitté. Mais ce n'est pas le tout, cet individu est bien acquitté, mais il sera resté deux mois, trois ou six mois en détention préventive. L'individu qui avait fait ce faux rapport subit bien la même peine qu'il voulait faire subir à son adversaire, mais si cet individu n'a pas de quoi payer les frais de justice et autres, il faut que l'autre qui a fait six mois de prévention en subisse les conséquences mal à propos.

Art. 3.

Maintenant, voyez en Italie : Pour attaquer un Juge de paix en partie civile. On peut attaquer ce Juge de paix pour la somme de 20 fr., tandis qu'en France on ne peut l'attaquer que si la somme est supérieure à 1.000 fr.; par là on peut voir que la France est beaucoup plus arriérée, je le répète, que beaucoup d'autres nations.

Art. 4.

Voyons maintenant en ce qui concerne les droits des impositions indirectes. Pourquoi ne payerait-on pas une patente de 5 fr. pour 1.000 fr. par chaque commerçant, et on payerait chaque année la patente chez le percepteur, et nous n'aurions alors pas besoin des droits réunis pour suivre pas à pas les débitants de boissons et autres commerçants. Alors, nous serions un peuple libre de ses actions.

Qui est-ce qui empêcherait sur toutes les frontières d'être libre ? Rien n'empêcherait. Il s'agirait qu'il se réunisse une commission de chaque puissance et que toutes ces commissions ne forment qu'un seul faisceau et alors on serait tous régis sous la même loi.

Je suppose qu'un commerçant fût obligé de traverser plusieurs fois la frontière par semaine ou par mois pour faire son commerce. Qu'est-ce qui empêcherait à cet homme de payer une patente dans chaque localité ? Alors cet homme ferait son commerce librement, il payerait le droit de chaque côté. Ce qu'il y aurait de trop à l'étranger arriverait chez nous, sans payer d'autres droits bien entendu, et de notre côté, il en serait la même chose : au lieu d'être plusieurs peuples toujours à se faire la guerre, on ne formerait qu'un seul peuple libre de ses actions et cela ferait beaucoup plus d'honneur à la haute magistrature de notre siècle.

Art. 5.

Il n'y a que les cultivateurs et les ouvriers qui n'occupent pas d'autres ouvriers qui ne doivent pas payer de patente ; en payant leurs impositions c'est bien assez.

Je désire que toutes les communes qui ont des forêts communales, il leur soit permis d'aller faire paître leurs bestiaux, sauf les chèvres, à une condition toutefois, c'est de ne pas faire paître dans les bois taillis au-dessous de cinq années.

Art. 6.

Messieurs, nous allons traverser une campagne qui ne sera guère abondante, les matières premières seront encore très chères ; c'est par ces motifs que je désire, pour venir en aide à la classe ouvrière, qu'une voie ferrée se construise de la gare de Vizille, passant par la vallée de la Romanche, pour se diriger sur Briançon, et en même temps un pont à construire sur le Drac, à vingt mètres environ au-dessous du tunnel du Saut-du-Moine, pour réunir ces deux vallées (Vif et Vizille) ; ce pont en pierres ou en ciment.

Aussi, un pont à construire sur l'Isère, à la place du Bac à la Porte-de-France ; ce pont aussi en pierres ou ciment.

Art. 7.

Je n'ai cessé de demander pour le service militaire *trois* années égales pour tous ceux qui sont pour compléter les contingents. Ceux qui sont hors du contingent, *une* année, tous sans exception.

Ceux qui seront reconnus capables après *six mois*, un *an* de service, après avoir passé un examen par-devant un commandant ou autre supérieur compétent, ceux-là pourront se faire remplacer moyennant une somme de   , c'est-à-dire que le remplacement soit permis, sauf dans le cas de guerre, parce que celui qui se fera remplacer pourra être rappelé également sous les drapeaux pour le service qui lui resterait à faire. Et toutes les fois qu'un militaire demandera à passer un examen pour aller dans ses foyers, ou que la famille en fera la demande à qui de droit, les supérieurs ne pourront se refuser à ces réclamations ; si le serviteur militaire est reconnu capable de connaître son service militaire, on sera obligé de le renvoyer dans ses foyers pendant un temps déterminé, et il n'y aurait que dans le cas de guerre que les hommes, depuis 18 jusqu'à 40 ans, pourront être rappelés sous les drapeaux, tous sans exception.

Art. 8.

Je demande aussi à ce que tout employé de l'Etat ne soit pas rétribué au-dessous de trois fancs par jour; que toutes les fois qu'un serviteur de l'Etat, de quelque emploi qu'il soit, même communal, sera appelé sous les drapeaux pour faire 28 ou 13 jours, il faudrait qu'il soit rétribué de ses appointements comme s'il était dans l'activité de son emploi, car l'on voit maintes fois des pères de famille être rendus malheureux à défaut d'être rétribués de leurs appointements. A qui la faute ? A notre règlement qui est mal établi.

Art. 9.

Voyons en ce qui concerne nos monnaies divisionnaires, or et argent. Pour qu'elles puissent avoir cours légal entre toutes les autres nations civilisées, il faut que ces pièces soient éprouvées par des hommes compétents pour savoir si ces pièces ont la même valeur que la monnaie française et que la valeur du mot de ces pièces soit expliquée ainsi : demi-franc, un franc, deux francs, cinq francs, vingt francs, cinquante francs, cent francs. Ce qui faciliterait beaucoup le commerce, ce qui n'empêcherait pas chaque nation d'en expliquer la valeur en sa langue.

Art. 10.

Maintenant, pour ce qui concerne la navigation maritime pour toutes les puissances entre elles.

Pour que l'on ne puisse s'interdire la circulation sans motif légal, et toutes les fois qu'un bâtiment, sur toutes les mers, arrêterait un navire de guerre ou marchand, sans un motif légal, commettrait un délit inqualifiable et sera jugé par des hommes compétents, choisis dans une commission réunie de chaque puissance.

Si c'est un chef d'Etat ou une régente qui aura commandé l'arrestation de ce navire, il sera condamné à dix ans de prison au moins et à vingt ans au plus dans une enceinte fortifiée et à tous les frais et dépens et sans l'indemnité du préjudice souffert qui serait attribué à celui qui aurait été arrêté, et de plus, que celui qui sera l'auteur de cette arrestation ne puisse être employé dans aucun Etat de toutes les puissances alliées.

Si celui qui aurait commandé l'arrestation n'était pas valable pour payer les dépens et autres frais, ce navire serait séquestré et vendu au profit de celui qui aurait été arrêté pour payer l'indemnité pour le préjudice qui lui aurait été causé.

Art. 11.

Maintenant, pour garantir les nouvelles plantations de la vigne concernant le phylloxéra, on n'a qu'à mettre sur les sarments du sel de cuisine pilé sous terre, mettre et garnir le long de ces sarments du sel jusqu'à fleur de terre et ces plantations seront garanties surtout dans la plaine.

Comme il s'agit ici d'un intérêt national, l'Etat devrait encourager et subventionner tout essai qui aurait pour but de remédier au relèvement de la vigne en France.

Art. 12.

Quant à ce qui concerne les voies ferrées, pourquoi n'emploie-t-on pas des traverses métalliques sur toutes les voies, attendu que j'en ai donné connaissance à qui de droit en France, ainsi que plusieurs puissances étrangères; cela serait cependant dans l'intérêt bien compris de toutes les sociétés de chemins de fer, que même que cela éviterait un grand nombre d'accidents et aussi arrêterait le déboisement du pays.

Art. 13.

En ce qui concerne MM. les Maires, pourquoi l'État ne leur ferait-il pas un appointement de mille à douze cents francs par an; car on a vu maintes fois un maire de commune dépenser son argent et perdre son temps pour satisfaire aux affaires de sa commune pour rien; cela n'est pas juste. Toutes les fois qu'un homme perd son temps ou qu'il travaille pour un ou plusieurs particuliers, il doit être rétribué. Voilà ce que je réclame pour tous les maires en général.

Art. 14.

Maintenant, pour ces Messieurs les Jurés qui sont obligés de siéger à chaque session pour les assises du département, pourquoi l'État ne tiendrait-il pas compte d'une minime somme de six francs par jour à partir du premier jour de leur déplacement jusqu'au dernier de la session des assises? Pour moi, cette manière de faire serait juste, car il est injuste qu'une personne perde son temps ou qu'elle travaille d'une façon quelconque sans être payée de ses peines.

Art. 15.

Chose très grave, pour ce qui concerne la séquestration individuelle, soi-disant celui atteint d'aliénation mentale. Il ne s'agit pas d'obtenir un ou plusieurs certificats de médecins pour pouvoir séquestrer telle ou telle personne au gré des intérêts d'une autre. Il s'agit, pour corriger cet abus, de pouvoir en appeler, pour cet individu que l'on veut séquestrer, par-devant une session d'assises, et cet individu serait interrogé et examiné par cette juridiction composée d'un jury, et ces Messieurs verraient si l'on mérite d'être renfermé *oui* ou *non*. L'on a vu dans nos contrées et l'on voit chaque jour un peu partout commettre des infamies inqualifiables, qui ont porté la ruine et le déshonneur dans beaucoup de familles, et ces abus font aussi la honte de toute une puissance entière.

Art. 16.

Messieurs, en passant, une idée qui m'est personnelle, peut-être direz-vous originale, mais qui a son mérite sous un certain point de vue. Je veux parler de notre drapeau national tel qu'il est aujourd'hui; *bleu* à la hampe, *blanc* au milieu et *rouge* flottant en dehors. Il a été changé à diverses époques de notre histoire. Ne pourrait-on pas adopter d'une manière tout à fait définitive *une forme* plus en rapport avec l'atmosphère actuelle; c'est-à-dire, *le bleu à la hampe, le rouge au milieu* représentant le *soleil, emblème de la lumière, de la force,* et le *blanc* flottant en dehors ?

Art 17.

Un exemple à vous exposer :

Voilà mon chapeau : il représente la coiffure d'ordonnance de notre état-major, aussi la simple police, en un mot il est l'emblème de la justice même, attendu que la gendarmerie a pour mission de conduire les malfaiteurs devant les tribunaux.

Admettons que je sois ou non le chef de l'Etat, mais je dois être l'égal devant la *loi*, comme tout citoyen jouissant de ses droits, car depuis le plus grand jusqu'au plus petit, la *loi*, je le répète, *est* et *doit être* égale pour tous et appliquée sans faveur, ni au préjudice de quiconque. mais selon ses actes.

Art. 18.

Et à ce sujet, j'ai un exemple qui m'est personnel, mais qui néanmoins mérite d'être cité pour servir de règle de conduite à ceux qui viendront après moi.

J'ai été détenu pendant 7 ans, 6 mois et 6 jours, sous les ordres de Paris, détention illégale et arbitraire au dernier chef; on a donc commis à mon égard un abus de pouvoir monstreux : jetez, Messieurs, un coup d'œil sur l'article 187 du Code pénal et vous y verrez si je suis mal fondé à réclamer à ceux qui ont commis cet attentat contre moi, compris capital et intérêts depuis cinq ans, une somme de 85,656 fr. pour cette privation de ma liberté individuelle, *chose sacrée.* aussi pour la dignité humaine et l'honneur de la magistrature qui n'eût pas dû par son silence volontaire, se prêter à une si odieuse machination.

Que l'on fasse une enquête sérieuse dénuée d'esprit de parti (ce que je désire ardemment) pour faire ressortir la vérité pure.

Si quelqu'un se plaint de moi, qu'il se présente et alors on discutera l'affaire ; mais je tiens essentiellement à y être en personne, et après qu'on m'aura fait mon droit au fond, si je le mérite, que l'on m'accorde et ce sera justice, pour dommages, un bureau de tabacs à perpétuité (c'est-à-dire en propriété), et j'en réserve d'avance les bénéfices aux indigents des hospices de Grenoble (ne pouvant pas les donner à tous les indigents du département).

Art. 19.

Il faut aussi, Messieurs, que je vous expose mes idées à propos d'un monument public qui était la propriété de tous et *surtout de l'armée*, et que l'on a mis par terre dans le courant de l'année 1870; tel que cette statue qui était sur la place de la Constitution à Grenoble. Cette statue devrait être remise, mais qu'au lieu de faire face au nord, il faudrait qu'elle fit face au midi. Que son chapeau soit posé non en travers mais mis à l'ordonnance de nos officiers généraux actuels.

Ceux qui ont, dans un moment d'effervescence, mis ce monument par terre, ne connaissaient, hélas! ni la valeur, ni la portée de cet objet.

C'était faire gratuitement une insulte grave aux hommes, aux guerriers les plus éminents de l'Histoire. Je reste avec la certitude que ce monument sera rétabli un jour dans l'idée et l'esprit qu'il avait été conçu.

Art. 20.

Passons aux travaux d'utilité générale :

Il y aurait une bonification grande à faire au chemin de fer de Grenoble à Gap, prenant embranchement au *Pont-de-Claix*, passant Vif et le Saillant pour aller rejoindre, à Serlandière, le chemin de fer de Grenoble à Gap. Cet embranchement *offrirait un avantage sérieux,* cela raccourcirait ce parcours, on peut le dire sans exagération, de plus de la moitié du chemin.

Art. 21.

Autre amélioration à signaler :

Plus tard on pourrait, par un embranchement près de la gare de Saint-Martin-de-la-Cluze, par un tunnel passant sous Saint-Martin même avec un pont sur le Drac (pont avec arche en fer), établir ce pont assez large pour avoir de chaque côté de la voie ferrée un trottoir pour les piétons et un pour les bestiaux (celui des bestiaux avec un garde-fou pour éviter les accidents). Le tout combiné avec un disque qui serait mis en mouvement et fermerait les passages un quart d'heure avant tout arrivage de trains. Cette voie ferrée passerait au-dessus de Marcieu par la Mure pour se diriger directement sur Gap.

Toutes ces améliorations, tous ces biens profitables à la société, seraient aussi bien plus utiles que de dépenser l'argent des citoyens un peu à tort et à travers.

C'est ce que l'on pourrait reprocher un peu à nos gouvernants, qui sont tous plus ou moins préoccupés plutôt de leurs intérêts particuliers que de l'intérêt général.

M. Breton se réserve la contrefaçon.

Je suis Français, Dieu protége la France !

2893. — Grenoble, imp. E. Vallier et Cie.